Akane Tamura

El amor de Mobuko

|8|

Traducción de
Raquel Viadel

Kitsune Manga

Índice

Capítulo 39

SÍ.

¿AQUÍ TE VA BIEN?

GRACIAS POR TRAERME.

HOY ME LO HE PASADO MUY BIEN.

SÍ, YO TAMBIÉN.

Cuidado con el bordillo.

Sí.

Perfecto.

ENTON-CES...

¡YA NOS VEREMOS!

SÍ.

BUENAS NOCHES.

BUENO, BUENAS NOCHES.

Bruum

Dash

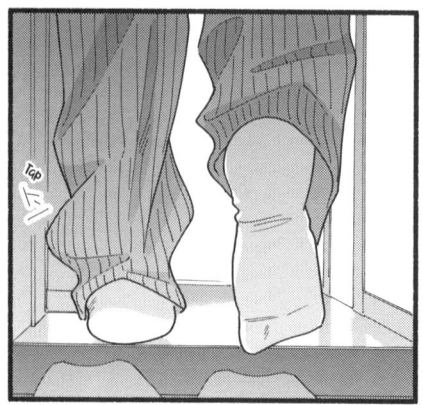

NOS
HEMOS...

BESADO...

Recordando

GRO
ゴロ

GRO
ゴロ

はぁ
Uf

はぁ
Uf

...

¡BUAAH!
¡NOS HEMOS
BESADO!

ES
REAL.

Pof
ボン

HE BESADO...

A HIROKI...

NOS HEMOS BESADO...

... DE QUE PODÍA SEN- TIR...

...

TANTA...

NO TENÍA NI IDEA...

QUÉ SONRISA TAN BONITA, TANAKA.

¿Eh?

... FELICI-DAD.

¡OSTRAS!

¿por qué te disculpas?

Serán 2300 yenes.

ME SIENTO COMO SI FLOTARA.

Ah, DIS-CULPE.

ESTABAS SONRIENDO DE OREJA A OREJA.

¿Eh?

Voy cerrando.

Vale.

¡Hemos terminado! ¡Todo bien!

O la volveré a liar.

TENGO QUE CONCEN-TRARME.

¡ME HE DEJADO EL ABRIGO POR TENER LA CABEZA EN LAS NUBES!

No, bueno...

TANAKA, ¿NO TIENES FRÍO CON ESA ROPA?

¿EH...?

¿Seguro que es por el abrigo?

Odio el invierno.

El abrigo me hace parecer gordo.

¡¿EH?! PUES NO LO PARECE...

EN REALIDAD LLEVO 5 CAPAS (MENTIRA).

El móvil...

Brum

Brrr

Bye

Adiós, chicos.

¡Acabo de salir!
¡Sí! Me encantaría.

¿De verdad?
¿Quedamos en el konbini?

De acuerdo.
Voy para allá.

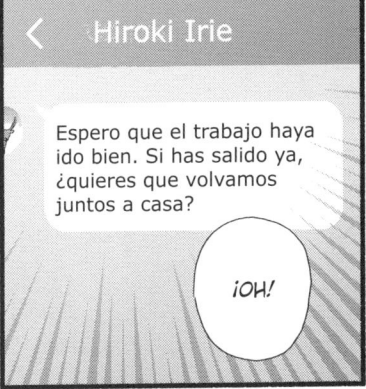

Espero que el trabajo haya ido bien. Si has salido ya, ¿quieres que volvamos juntos a casa?

¡OH!

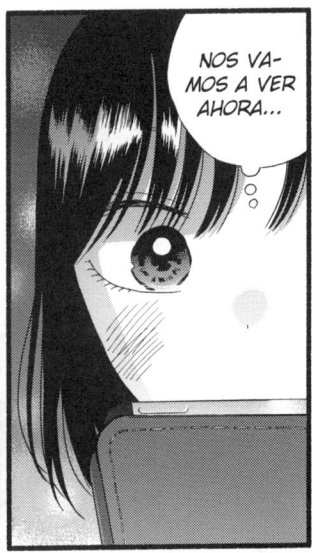

NOS VAMOS A VER AHORA...

AH.

¡HIROKI!

NOBUKO.

HAS TRABAJADO DURO HOY.

NO HA SIDO PARA TANTO.

SÍ.

¿VUELVES DE CLASE?

12

PERO GRACIAS A ESO TE HE PODIDO VER.

¿EH?

QUÉ DICES...

ME HE QUEDADO HACIENDO DEBERES CON UN AMIGO DE LA UNI.

¡OSTRAS! TÚ SÍ QUE HAS TRABAJADO DURO.

Has estado hasta muy tarde.

TENÍA GANAS DE VERTE AUNQUE SOLO FUERA UN MOMENTO.

LO DIGO EN SERIO.

GRACIAS.

...

UH...
PERDONA.

...

¿UH?

ESTOY BIEN.

PERO LLEVO VARIAS CAPAS.

UH...

BUENO... DIGAMOS QUE SE ME HA OLVIDADO.

¿Y TU ABRIGO?

TOMA.

¿Calor?

NO MIENTAS...

NO, SI EN REALIDAD YO TENGO UN POCO DE CALOR.

NO, NO, NO. ESTOY BIEN...

Póntelo, por favor.

MIRA.

ESTÁ CALENTITA, ¿VERDAD?

Zus

VALE...

ASÍ QUE PÓNTE-LO, POR FAVOR.

PERDO-NA, ES UN POCO GRANDE.

¿Uh?

AH, PERO...

Chon

モゾーン

¡ES MUY CALENTITO!

ME ALEGRO.

MUCHAS GRACIAS.

EL CORAZÓN LATE MUY DEPRISA PERO ME SIENTO MUY TRANQUILA.

SÍ.

VENGA, VÁMONOS.

Era peludito.

VOLVER A CASA DEL TRABAJO...

Parecía un tanuki.*

ESTO SE SIENTE MUY BIEN.

¡¿UN ZORRO?!

HOY HE VISTO UN ZORRO EN EL CAMPUS DE LA UNIVERSIDAD.

Qué raro...

... Y SENTIR TANTA FELICIDAD.

CADA VEZ HABLAMOS MÁS.

Ahora que lo dices, una vez que fui al zoo...

¡Oh!

*CRIATURA DEL FOLCLORE JAPONÉS PARECIDA A UN TEJÓN QUE SIMBOLIZA LA PROSPERIDAD EN LOS NEGOCIOS. (N. DE LA E.)

COMPAR-
TIMOS
NUEVAS
EXPRESIO-
NES.

SENTIMOS
EL CALOR
DEL OTRO.

ESTE
SENTI-
MIENTO DE
AMOR...

... LO
SIENTO
EN TODAS
PARTES.

EL CHICO
QUE ME
GUSTA SE
HA CONVER-
TIDO EN UNA
PERSONA
MUY ESPE-
CIAL.

TENGO LA
CABEZA EN
LAS NUBES
...

¡PERDONA!
¡ME HE
OLVIDADO
DE DEVOL-
VERTE EL
ABRIGO!

Perdona, a mí
también se me ha
olvidado. Vendré
a buscarlo en
otro mo-
mento.

は AM

TENGO
QUE LA-
VARME LAS
MANOS.

AH

が
ャッ Ras

DIJO QUE HOY TRABA- JABA HASTA EL MEDIO- DÍA...

DÍA SI- GUIEN- TE.

¿CUÁN- DO SE LO PODRÍA DEVOL- VER?

¿Qué tal el trabajo?
Gracias por lo de ayer.
Si te va bien, ¿Puedo traerte el abrigo ahora?

¡OH!

Hiroki Irie

¿lo habrá visto?

No...

¿UH? SU VOZ...

En reali- dad...

Hola, ¿te va bien ahora?

Perdo- na, es un poco repenti- no.

AH, SÍ. ESTABA...

... hoy no he ido a trabajar porque estoy resfriado.

RESFRIADO...

TAL VEZ LO PILLÉ AYER EN LA UNIVERSIDAD...

UN AMIGO MÍO ESTABA RESFRIADO.

¡ESPERA...! ¡¿ES POR MI CULPA?!

EL MÉDICO DICE QUE NO ES GRIPE PERO...

Ah, no te preocupes por eso.

LO SIENTO. ES PORQUE ME DEJASTE TU ABRIGO...

Calentita

... me preocupa que te haya contagiado.

¿Estás bien? ¿No tienes fiebre?

¿TÚ ESTÁS BIEN? ¿ESTÁS SOLO?

SI HAY ALGO EN LO QUE TE PUEDA AYUDAR PUEDO IR...

YO...

ESTOY COMPLETAMENTE BIEN.

PERO MÁS IMPORTANTE, HIROKI...

PERO SI NO ME NECESITAS NO PASA NADA.

HM...

¡VENGA YA! ¡TAL VEZ QUIERE ESTAR SOLO PORQUE ESTÁ MALO Y ASÍ PUEDE DESCANSAR!

¡NO DEBERÍA PRESIONAR ASÍ...!

¿De verdad?

Coff

¿DE VERDAD PUEDES VENIR?

¿Nobuko?

Hiroki Irie

SÍ.

¡AHORA MISMO VOY!

...

FLASGA

¿DE VERDAD PUEDES VENIR?

UH.

ズキッ zup

FLASH

ESA LLAMADA ...

LA
FIEBRE...

EL
AMOR...

... ME
HACEN
FLOTAR.

NO PODRÉ
PARAR HASTA
QUE TE VEA.

Dentro del abrigo

...
PORQUE ESTÁ
RESFRIA-
DO...

RAS

ME HE
APRESURA-
DO A VENIR
A VER A
HIROKI...

...
PERO
...

FIS

¿ES NORMAL
VISITAR A
ALGUIEN POR
ESTA RAZÓN,
NO?

¡¿O ESTOY
EXAGERANDO?!

... ¿Y SI ME
ENCUENTRO CON
SU FAMILIA?

Hala

Ragc

AH.

SUPONGO
QUE NO ES
MUY NOR-
MAL...

ADEMÁS,
VENGO CON
LAS MANOS
VACÍAS...

TE HE VISTO POR LA VENTANA.

¡HIROKI!

HOLA.

AH...

YA VEO...

NO HAY NADIE, TODOS ESTÁN EN EL TRABAJO.

PERDÓN POR HACERTE VENIR HASTA AQUÍ.

ENTRA.

AH, VALE.

¿UH...?

Hace un poco de frío

PARECE...

Siéntate, por favor.

... UN POCO MÁS ANIMADO QUE CUANDO HEMOS HABLADO POR TELÉFONO.

AQUÍ ESTÁN.

TAMBIÉN TENGO PASTELITOS DE CREMA EN LA NEVERA...

Rgs
がや
Toc
ゴリ

¿EN SERIO?

Por cierto,

NOBUKO,

¿QUÉ TE APETECE? ¿TÉ O CAFÉ?

NO TIENES QUE SER TAN HOSPITALARIO, DESCANSA POR FAVOR.

¿QUÉ?

ASÍ QUE...

AH... YA.

FIUM
クラッ

PERO ESTOY BIEN. EN SERIO.

Poof
フー

ZAAS
ゆば

VALE...

¡VETE A LA CAMA POR FAVOR!

LO SIENTO.

NO TE PREOCU-PES.

¿Estás bien?

Además,

TE HAS PUESTO ASÍ PORQUE HE VENIDO.

Perdona.

DESPUÉS DE COL-GAR...

QUÉ VA, SI TE HE LLA-MADO YO...

... ME HA ENTRADO LA VERGÜENZA DE REPENTE.

POR PEDIRTE QUE VINIERAS A CUIDARME.

...

No sabe qué contestar.

¿HM?

ES VERDAD...

¡AH!

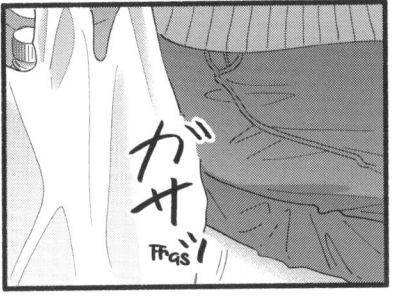

Reductor de fiebre

HUEVO

Mandarina

SI TE APETECE ALGO...

HE COMPRADO UN MONTÓN DE COSAS.

¡OH! ¡GRACIAS!

De nada.

Gracias.

¿PUEDO COMERME ESTA GELATINA?

CLARO.

La de mandarina.

Af

¿ES MUY MONO ...?

PERO HIROKI RESFRIADO...

YA LO HE PENSADO ANTES CUANDO ME HA LLAMADO...

Está buena.

¿HIROKI?

...

BUE-
NO...

EN REA-
LIDAD
HOY...

¿?

¿Tal vez no se encuentra tan mal?

ME ALEGRO DE QUE TEN-GAS APETITO, AUNQUE SEA SOLO UN POCO.

EL DIA DE IRIE

ME HE DESPER-TADO CON UN POCO DE FIEBRE...

38 de fiebre

NO IRÉ A CLASE.

AMIGO DE LA UNI

Yo tam-bién tengo fiebre. ¿Vamos al médico?

Amigo Kumai

DES-PUÉS DE LA VISI-TA...

NO ERA GRIPE.

Bien por ahora

A mi casa

VAYAMOS A COMER ALGO QUE NOS AYUDE A MEJORAR.

VENGA.

¡¡Ahora nos llevamos aún mejor!!

UN RAMEN DELI-CIO-SO.

sluup
ズ" ズ"

FUN
ズ"

37

Espero
no despertarlo...

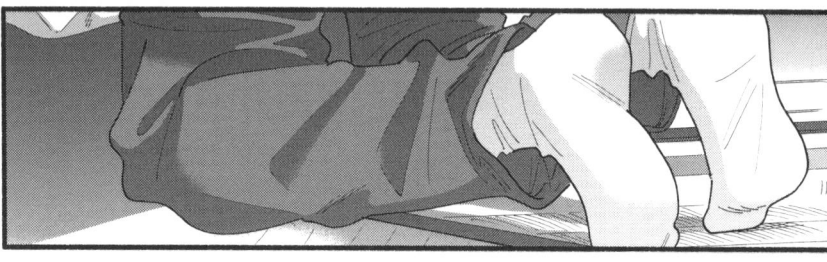

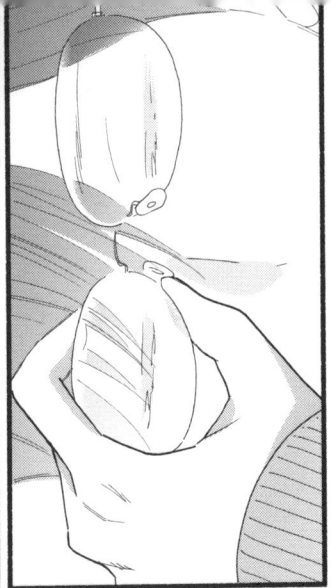

ぷは

No podía apartar la vista.

FLAS

... HIROKI ESTÁ PASANDO POR UN MAL MOMENTO PORQUE NO SE ENCUENTRA BIEN...

AUNQUE...

... ESTOY FELIZ DE PODER ESTAR A SU LADO.

perdóname.

AH...

LA OTRA VEZ...

... PEN-SÉ EN INVITARLE A CASA A TOMAR UN TÉ.

¿TE GUSTARÍA VENIR A TOMAR EL TÉ?

... COMO AGRADECI-MIENTO POR HABERME DADO ESOS MELOCOTO-NES...

¡CUANTO MÁS LO PIENSO, MENOS ADECUADA ME PARECE MI CASA PARA INVITAR A NADIE...!

PERO AL FINAL NO LO HICE.

A MÍ...

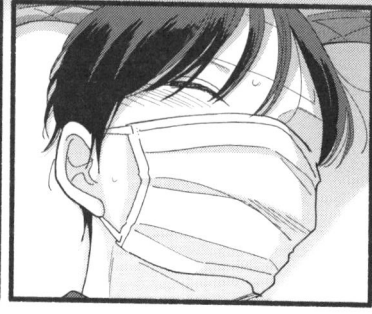

... ME GUSTA SIMPLEMENTE ESTAR JUNTOS.

¡OH!

HIROKI, ¿TE ENCUENTRAS BIEN?

NO TE HAS IDO... PERDO-NA...

ME HE QUEDADO DORMIDO...

NO PASA NADA. NO ME IMPOR-TA.

¿EH?

¡AH!

LO SIEN-TO...

NO,

ESO...

...

MÁS BIEN, DEBERÍA DISCUL-PARME POR QUEDARME AQUÍ.

... ME HACE FELIZ.

MUCHO.

... POR ESTAR AQUÍ...

GRACIAS...

ENTIEN-DO...

... CUANDO HE ABIERTO LOS OJOS.

SÍ.

ME ALEGRO
DE HABERME
QUEDADO.

NOBUKO
...

¿SÍ?

AHORA MISMO TENGO MUCHAS GANAS DE BE- SARTE.

PERO...

... NO PUEDO.

...

ENTON- CES...

PUES...

... LO HAREMOS CUANDO TE ENCUENTRES BIEN.

SERÁ NUESTRO SEGUNDO BESO...

SÍ.

ME TENGO
QUE CURAR
RÁPIDO.

CUANDO
HIROKI ESTÁ
ENFERMO...

SÍ.

MUCHAS
GRA-
POR CIAS
VENIR
HASTA
AQUÍ.

BUENO,
DES-
CANSA
MUCHO.

ES
MUY...

PERDONA...
¿SEGURO
QUE NO TE
HE CONTA-
GIADO?

¿EH?

Tienes
la cara
roja.

¿De
verdad?

Sí, de
verdad.

¡Flas!

¿YO?

ESO ES
PORQUE
TÚ...

Ah

NADA...
NO ES
NADA...

CUANDO
TE EN-
CUENTRES
MEJOR...

BUE-
NO,

TIENES QUE VENIR A MI CASA LA PRÓXIMA VEZ.

¿EH?

ME ENCANTA- RÍA PERO ¿POR QUÉ...?

SÍ, EN SERIO.

¿EN SERIO?

YA.
¿POR QUÉ SERÁ...?
SUPONGO QUE ME HAS CONTAGIADO
UN POCO DE TU VALENTÍA.

El amor de Mobuko

Akane Tamura

Cosas que queremos comer o beber cuando estamos resfriados

Capítulo Especial

ESTE VERANO NOBUKO SE HA ECHADO NOVIO.

¡VAMOS JUNTAS A LA UNIVERSIDAD!

¡AH!

¡YO SOY FUMI, LA AMIGA DE NOBUKO!

EL DÍA QUE NOS CONOCI-MOS...

¿¿¡SON de mantequilla de maíz?!

¡¡las nuevas patatas de otoño!!

ESTUDIA-MOS LO MISMO, ASÍ QUE PASA-MOS MUCHO TIEMPO JUNTAS.

UH...

... ERA EL DÍA DE LA ORIENTACIÓN PARA LOS NUEVOS ESTUDIANTES.

SÉ QUE ES IMPORTANTE PRESTAR ATENCIÓN A TODO ESTO PERO...

¿El micrófono no está muy bajito?

Habla en un tono muy monótono...

¡¡TENGO SUEÑO...!!

¡BIEN! A CONTINUACIÓN EXPLICAREMOS COMO SOLICITAR UNA PLAZA DE APARCAMIENTO.

Ah

UH... ¿Y AHORA QUÉ HAGO?

¡AÚN NO CONOZCO A NADIE!

¡MIERDA! ¡¡NO ME HE ENTERADO DE NADA DE LO QUE HA EXPLICADO ANTES...!!

FuAAGH

¡LA CHICA DE AL LADO ESTÁ TOMANDO NOTAS DE TODO!

¡!

PUEDO PROBAR A PREGUNTARLE LUEGO...

¿UH...?

SÍ QUE SE LO TOMA EN SERIO...

¿Por qué?

Llamar al centro lingüístico

→ Se puede elegir el horario de lunes a viernes.

No lo he escuchado...

¡¿HA APUNTADO QUE NO LO HA ESCUCHADO?!

Esto es lo de que estaban hablando hace un momento.

ME HA VISTO LEYENDO SUS NOTAS...

¡UAH! ¿Y AHORA QUÉ?

ME HA PILLADO...

AH...

¿QUÉ?

YO TAMPOCO ME HE ENTERADO.

ps

¡NO! ¡VOY A HABLARLE!

SÍ.

YA...

ASÍ ES COMO NOS CONOCI-MOS

Me llamo Fumiko Hayakawa.

Yo Nobuko Tanaka.

Y TERMI-NAMOS EN LA MISMA CLASE.

¡AH, SÍ! POR SU-PUESTO.

¿QUIERES QUE NOS ACERQUE-MOS A PREGUNTAR LUEGO?

Y CON ESO...

OH... SOLO NOS QUEDAN 5 MINU-TOS.

ES UNA ASIGNATURA QUE ELEGÍ SIN ESTAR ESPECIALMENTE INTERESADA.

ENTONCES LO DEJAMOS AQUÍ POR HOY.

NOS VEMOS LA SEMANA QUE VIENE.

Siii

PERO ME ALEGRO TANTO DE HABERLO HECHO.

Je

AH, YO TAMPOCO ME ENTERO DE NADA AÚN.

JE, JE, JE. QUÉ GANAS DE QUE LLEGUE LA SEMANA QUE VIENE.

INCREÍBLE, FUMI. YO NO ME ENTERO DE NADA.

No se me dan bien los ordenadores

Pero...

ME GUSTA MUCHÍSIMO EL PROFESOR NISHIZAWA

YA.

AUNQUE HE DICHO QUE ME GUSTA, HAY MUCHOS TIPOS DE GUSTAR.

¿EH?

¡PERDONA! NO TE ESTOY PIDIENDO CONSEJO SOBRE RELACIONES. PARA NADA.

¡¿UN PERRO VIEJITO?!

Ah, ESO ES UN POCO GROSERO...

Fluff ほっこり

ES COMO OBSERVAR UN PERRO VIEJITO QUE ESTÁ TOMANDO EL SOL EN EL JARDÍN.

SE LO ESTÁ IMAGINANDO.

¿favorito.? ¿Hm?

Tu cum キュン

A VER... ES COMO CUANDO TU ACTOR FAVORITO QUE ES MUY TRANQUILO VA A UN SHOW DE VARIEDADES.

¡NO PASA NADA! LO ENTIENDO MÁS O MENOS...

AH, NO...

NO SÉ CÓMO EXPLICÁRTELO...

AÚN NOS ESTAMOS CONOCIENDO LA UNA A LA OTRA.

¡Eso es! ¿cómo lo has...?

Oh

O sea, eres su fan óno?

NOS ACABAMOS DE CONOCER.

... NO SE HABÍA ENAMORADO.

YO NO TENGO A NADIE, NO LO NECESITO.

¿Y TÚ, NOBUKO? ¡TE DARÉ ALGÚN CONSEJO!

NOBUKO AÚN...

BUENO, ESO ES BASTANTE OBVIO.

¿Eh?

NO.

Y AHO-RA...

¿QUÉ?

¡¿HAS INVITADO A TU NOVIO A CASA?!

¿QUÉ QUIERES DECIR?

?

FIS

¿SOLO ESO?

Aunque NO, estaba NO... nerviosa...

¡OOH! ¡BIEN HECHO!

Genial...

HM... PERO...

¡SÍ!

¿AH SÍ?

Z Z

¿EH?

¡ES QUE ERES TAN TÍMIDA QUE NUNCA ME CUENTAS NADA DE TU RELACIÓN NI ME PIDES CONSEJO!

... SÉ QUE PUEDO CONTAR CONTIGO, MÁS QUE NADIE, PARA QUE ME ESCUCHES, FUMI...
Ya veo, ¿quieres más?
¡Uh! Gracias.
CREO QUE QUIERO CONOCER MÁS
A LA NOBUKO ENAMORADA.

Cosas que nos gustan de la otra

¿Eh?

Desde que nos conocimos, siempre has sido muy amable.

Pues... siempre me lo paso muy bien contigo, Fumi.

Siempre te emocionas por tonterías.

No es verdad...

Y tus reacciones son muy monas.

¡¡Yo también!!

Y siempre eres muy apasionada con las pelis y los libros que te recomiendo.

Capítulo 41

A VER... AHORA TOCA...

¡EL JAMÓN!

AH.

AQUÍ ESTÁ.

HM...

LAS FRESAS AÚN NO ESTÁN MADURAS.

Plac

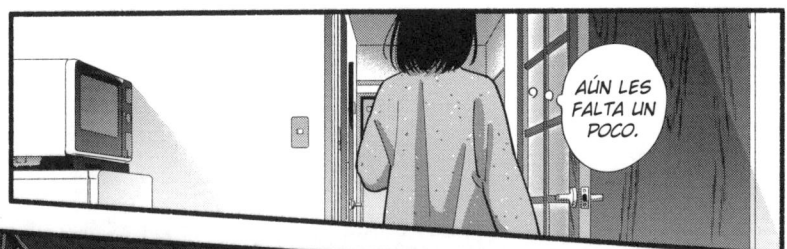

AÚN LES FALTA UN POCO.

UNAS SEMANAS ANTES.

YO NO HICE NADA...

HIROKI YA SE HABÍA RECUPERADO DEL RESFRIADO...

HA SIDO GRACIAS A TI.

ME ALEGRO.

... Y LLEGÓ DICIEMBRE.

¡OH!

¡ES SANTACLAUS!

Y TAMBIÉN LOS RENOS.

¿QUÉ DEBERÍAMOS HACER? ¿VAMOS A ALGÚN SITIO?

¡AH, ESPERA!

HM... TAL VEZ...

ES VERDAD, PRONTO SERÁ NAVIDAD.

¡OH! QUÉ RÁPIDO HA PASADO.

EN UN ABRIR Y CERRAR DE OJOS VOLVEMOS A ESTAR EN ESTA ÉPOCA.

Aunque cuando era pequeño sí lo hacíamos.

NO PASA NADA.

NO SOLEMOS HACER NADA ESPECIAL.

AH, YA VEO.

¿MI FAMILIA?

¿QUÉ HAY DE TU FAMILIA? ES NAVIDAD...

¿PUEDES?

¡OH!

PERO CUANDO ERA PEQUEÑA...

NOSOTROS TAMPOCO HACEMOS NADA DESDE HACE AÑOS.

¿Y EN TU FAMILIA HACÉIS ALGO?

MIS PADRES Y YO...

... CADA AÑO PREPARÁBAMOS...

ERA CASERO.

QUÉ BIEN.

¿ERA UNO DE ESOS ESPONJOSOS?

UN PASTEL.

ERA UN PASTEL DE FRESAS NORMAL Y CORRIENTE PERO...

Y TAMBIÉN MONTÁBAMOS LA NATA.

SÍ.

TAMIZÁBAMOS LA HARINA.

ME PASABA TODO EL RATO MIRANDO EL HORNO PARA VER CÓMO SUBÍA LA TARTA.

QUÉ RECUERDOS...

QUÉ NAVIDADES MÁS MARAVILLOSAS.

QUÉ BIEN.

SÍ.

AH, ¿PERO DÓNDE ...?

BUENO...

¡OH!

BUENA IDEA.

¿QUIERES QUE HAGAMOS UN PASTELESTAS NAVIDADES...?

ASÍ QUE SI TE PARECE BIEN...

EL OTRO DÍA TE DIJE QUE PODRÍAS VENIR A MI CASA...

SÍ.

GRACIAS. ME ENCANTARÍA.

TENGO MUCHAS GANAS.

Y FINAL-
MENTE
LLEGÓ LA
NAVIDAD.

QUEDAN
2 HO-
RAS...

... PARA
QUE NOS
VEAMOS.

NO ME DE-CIDÍA SOBRE QUÉ COMPRAR COMO REGALO DE NAVIDAD.

¡PERO POR FIN LO HE HECHO!

¡PER-FECTO!

AHORA QUE LO PIENSO, LA ÚLTIMA VEZ QUE LE REGALÉ ALGO A UNA CHICA...

Ha costado...

Búsqueda diaria por internet.

Ha venido a echar un vistazo 3 veces.

Hm

HE PASADO DE UNA ALMOHA-DILLA PARA EL ESCRI-TORIO A UN COLLAR...

Me invitó a su cumpleaños...

¡Pastel!

... FUE A MI VECINA YUKA CUANDO ESTÁBA-MOS EN PRIMARIA.

No sé por qué le regalé una almohadilla para el escritorio...

¿BUSCA UN REGALO?

ESTO ESTÁ BIEN ¿NO? NO HE ELEGIDO NADA RARO, ¿NO?

ESE ES MUY BONITO, ¿VERDAD?

Estoy mirando este collar...

SÍ.

ES UN DISEÑO SIMPLE PERO LE QUEDA MUY BIEN A TODO EL MUNDO.

SÍ...

A TODO EL MUN-DO...

HM...

Y LE QUEDA BIEN A TODO EL MUNDO, ASÍ QUE SE-GURO QUE ES UNA BUENA ELECCIÓN...

LA DE-PENDIENTA TAMBIÉN LO RECOMIEN-DA...

AUNQUE ESO DEBE-RÍA TRAN-QUILIZAR-ME...

VUELVA PRONTO.

DE ACUERDO.

DISCULPE, VOY A MIRAR OTRAS COSAS.

¿EH? ¿NO LO HABÍA DECIDIDO YA?

¿QUIERE QUE SE LO MUESTRE?

AH.

BUENO...

¡Y SOLO ME QUEDAN 2 HORAS!

HE SALIDO...

¿POR QUÉ NO ME DECIDO?

ES LA PRIMERA VEZ QUE COCINO PARA LA PERSONA QUE ME GUSTA.

Chop
Chop
Chop

ESTOY NER-VIOSA.

ESPERO NO PO-NER NADA QUE NO LE GUS-TE.

¿ESTO ESTARÁ BIEN?

COCINAR Y SERVIR UN PLATO...

... MIENTRAS PIENSAS EN OTRA PERSONA...

ME PREPARO LA COMIDA CADA DÍA PERO...

... HACE QUE ESA COMIDA SE VUELVA ESPECIAL.

Y AHORA...

¡TIENE UN COLOR RARO!

CHAN

... EL AGUACATE.

CRA

AÚN TENGO TIEMPO...

¡NO!

VOY A SALIR A COMPRAR.

Fra fra

Mejor escondo esto un poco...

AÚN NO SÉ QUÉ REGALAR-LE.

TENGO QUE SU-BIRME AL TREN EN 30 MINU-TOS.

MEJOR REGRESO A LA...

¡OOH!

NORMAL QUE HAGA TANTO FRÍO.

OS-TRAS...

¡PONE QUE VA A NE-VAR ESTA NOCHE!

LO TENGO.

CREO QUE YA LO TENGO DECIDIDO.

SU REGALO...

¡EL AGUACATE ES MÍO!

¡Tiene la aprobación de Yamashita, la de la verdulería!

Plas

Pilla este.

chac

TU tum TU tum TU tum

PERFECTO.

Y...

¡LISTO!

Aguacate con salmón

Tomate con albahaca

Patatas con jamón

BRO-CHETAS DE 3 TIPOS

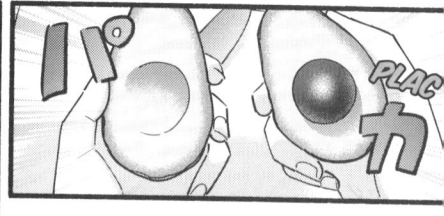

PLAC

Oh

ME DA UN POCO DE VERGÜENZA QUE SEA UN POCO DEMASIADO SOFISTICADO...

Ingredientes que he comprado por primera vez desde que vivo sola.

Creo que me he pasado...

Olivas negras

BLACK OLIVE

Jamón

LO HE COMPRADO ANTES CON EL AGUACATE.

CREMA DE MAÍZ Y LECHE...

AH.

FALTA UNA COSA.

LO CALENTAMOS...

Tro

Tro

OH.

HIROKI
...

HIROKI...

... HA VENIDO A MI CASA.

CLARO.

¿PUEDO
ENTRAR?

PASA.

NUESTRA
PRIMERA
...

...
NAVIDAD

JUNTOS.

El amor de Mobuko

Akane Tamura

Capítulo 42

... QUE HIROKI VIENE A MI CASA.

Estaba distraído.

PERDONA.

ESTO...

NO, EL ABRIGO...

GRACIAS.

AUNQUE LO ENTIENDO PERFECTAMENTE.

Yo también estaba muy nerviosa cuando fui a su casa.

la verdad,

ESTOY UN POCO NERVIOSO.

NO LO ESTÉS.

AH, PERO...

... AUNQUE ESTOY NERVIOSO...

DE ACUERDO.

HAZ COMO SI ESTUVIERAS EN TU CASA, EN SERIO.

... TAMBIÉN ESTOY MUY CONTENTO...

... DE HABER VENIDO.

Ah, ¿EMPEZA-MOS?

SÍ.

No, está bien.

Aunque mi casa no tiene nada de especial...

PODEMOS HACER EL PASTEL EN EL SALÓN...

AH, YO NO TENGO...

AH, ESTO...

delantal...

... YA QUE LA COCINA ES MUY PEQUE-ÑA...

¡GRACIAS!

... JUNTO A LA BATI-DORA...

MIS PADRES ME LO HAN HECHO TRAER...

Cuando estaba buscando la batidora...

¡¡Llévate el delantal!!

QUÉ GANAS.

SABÍA QUE TE-NÍAMOS UNA EN CASA...

PERO ES LA PRIMERA VEZ QUE LA USO.

SÍ.

OJALÁ NOS SALGA BUENO.

Será de hacer tanto arroz frito.

¡Vaya! Me encanta el arroz frito.

¡Oh!

QUIÉN ME HUBIERA DICHO...

SÍ. ES LA FORMA EN LA QUE ROMPES LOS HUEVOS.

¿EH?

¿EN SERIO?

¡OH! ¡ESTO SE TE DA BIEN!

CASI...

... COCINANDO A SU LADO.

... QUE ALGÚN DÍA ESTARÍA ASÍ...

¿lo puedo conectar?

Oh, sí.

PARECE COMO SI...

VIVIÉRAMOS JUNTOS.

106

Ve con cuidado con el horno.

Sí.

HUELE MUY DULCE.

Preparando la nata montada y las fresas

¿ASÍ HUELE EL PASTEL ESPONJOSO?

SÍ.

Chin

ES COMO HUELE CUANDO YA ESTÁ LISTO.

Está doradito.

Ha subido bastante.

Voy a calentar el pollo

Gracias

Lo siento, no tengo más boles para la sopa.

¡No pasa nada!

Oh

¡TODO LISTO!

PERFECTO.

SÍ.

ESPERO QUE ESTÉ BUENO.

HA SIDO DIVER- TIDO.

INCREÍBLE. HEMOS CONSE- GUIDO HACER EL PAS- TEL.

NO, NO. GRA- CIAS A TI.

ES POR- QUE TÚ ME HAS AYUDA- DO...

ES GRACIAS A QUE TÚ LO HAS PREPA- RADO TODO.

GRACIAS.

SÍ.

BUEN PROVECHO.

BUENO, MEJOR COMEMOS ANTES DE QUE SE ENFRÍE.

Quema

Oh.

Está muy esponjoso.

Ñom Ñom

El aguacate con el salmón está muy bueno.

ESTÁ BUENÍSIMO

EL POLLO QUE HA COMPRADO HIROKI

Es de una carnicería de mi vecindario donde también hacen pollo asado.

¡Oh!

Está muy bueno.

Y las fresas también están dulces.

¡EL PASTEL ESTÁ BUENÍSIMO!

ME ALEGRO DE QUE HAYA SALIDO BIEN...

¿CUÁNDO SE LO DOY?...

AHORA QUE LO PIENSO...

フラッ Fis

¿HM?

¡AH!

FIUU

BUENO...

ESTO ES...

¡!

カサ Frgs

YO TAMBIÉN TENGO UN REGALO.

VALE
...

Plof
ストン

MUCHAS GRACIAS.

ESTO
...

TOMA.

MUCHAS GRACIAS A TI TAMBIÉN.

RAS

シキ
TU
CUM
シキ
TU
CUM

¡OH! ¿LO PUEDO ABRIR?

SÍ, ADELAN-TE.

¡BIEN!

¡UOH!

¡UNA BUFANDA!

¡GRACIAS, HIROKI!

DE NADA ...

... HE PENSADO QUE ESTARÍA BIEN ALGO QUE PUDIERAS USAR EN ESTA TEMPORADA DEL AÑO.

¿LA HAS ELEGIDO TÚ?

QUÉ SUAVE.

NO SABÍA QUE REGALARTE PERO...

SÍ.

AH, PERO EL COLOR...
LO HE ELEGIDO PENSANDO EN CUÁL TE QUEDARÍA BIEN.
LO SIENTO
SI NO TE GUSTA...
ME GUSTA.
LO HA ELEGIDO HIROKI.

ME ALE- GRO.

LA CUIDARÉ MUCHO.

ES MUY SUAVE AL TACTO.

Y DE UN COLOR CÁLIDO.

GRACIAS...

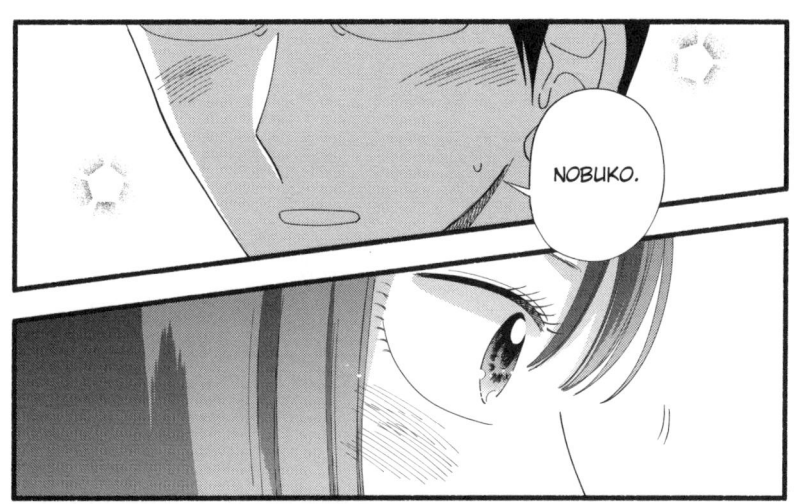

NOBUKO.

¿TE ACUERDAS DE LO QUE CUANDO HABLAMOS ESTUVE RESFRIA-DO?

DE NUESTRO SEGUNDO BESO...

CLARO
...

...

... BESARTE?

¿PUEDO
...

118

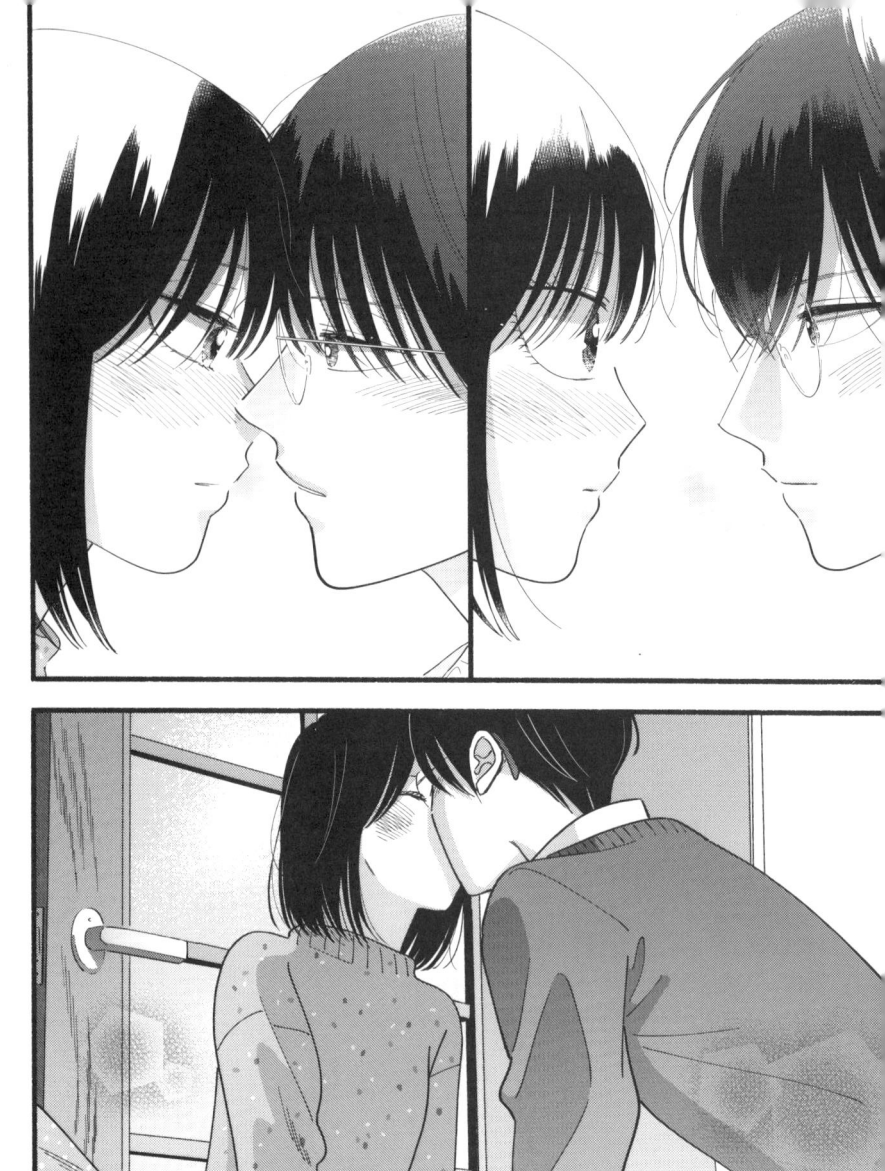

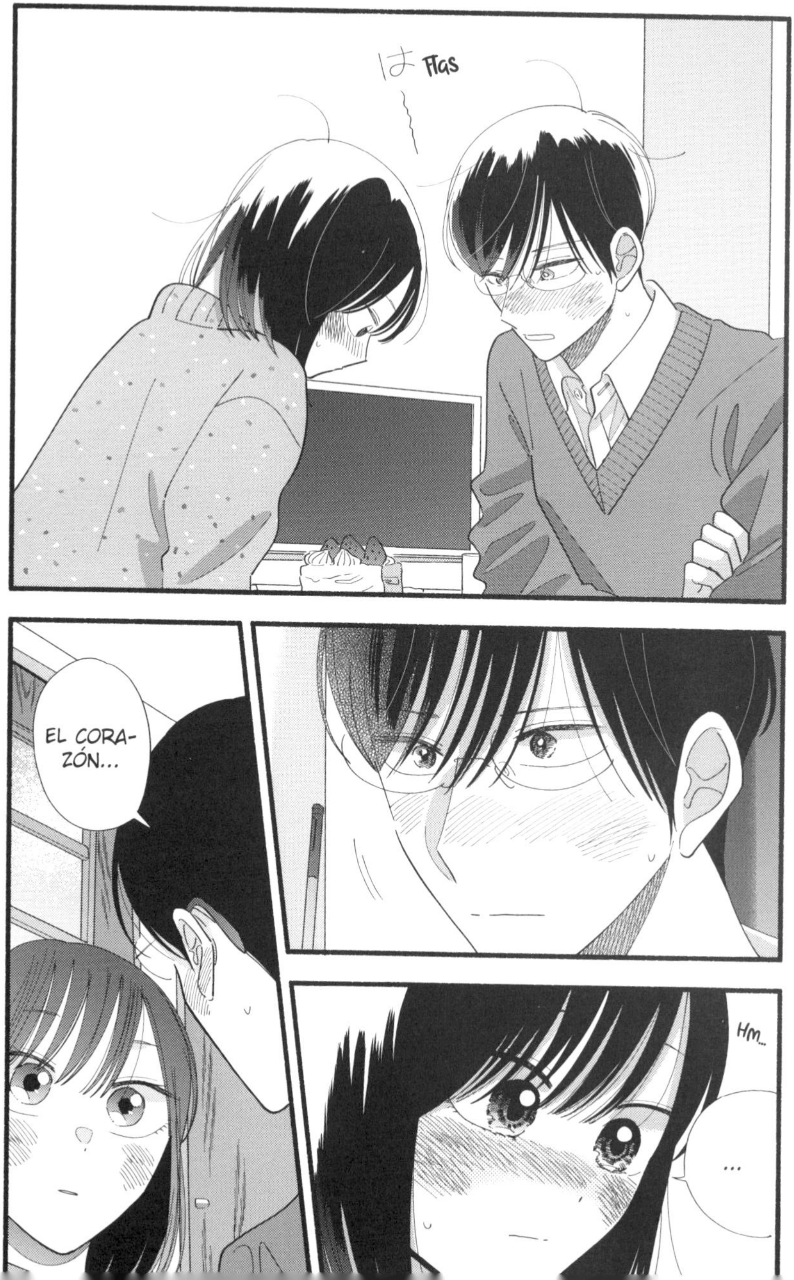
は FLAS
EL CORAZÓN...
Hm...
...

DOKO TU TUN DOKO TU TUN

¡¿ESTÁS BIEN?!

... PARECE QUE SE ME VAYA A SALIR DEL PECHO.

Si pongo la mano en el pecho, lo noto.

¿ES ALGO...

A LO QUE TE PUEDAS ACOSTUMBRAR?

YO TAMBIÉN ESTABA MUY NERVIOSA.

NO ESTOY ACOSTUMBRADA.

¡¡No hace falta que lo hagas!!

No me lo puedo ni imaginar...

... ALGO RARO...

EH... PERDÓN.

HE DICHO...

Flas

AH, PERO CADA VEZ QUE ESTEMOS ASÍ, LOS DOS SOLOS, PODEMOS BESARNOS UNA VEZ...

¿SOLO PODE-MOS...

... BESARNOS UNA VEZ?

¡AH!

IGUAL-
MENTE.

BUENO,
GRACIAS
POR TODO.

ESTÁ
NEVANDO.
¿ESTARÁS
BIEN?

Oh

Muchas gracias.

VOY BIEN ABRIGADI-TO.

SÍ.

EL REGALO DE NAVIDAD DE TANAKA

VE CON CUIDA-DO.

Blam

ES NUESTRA...

... PRIMERA NAVIDAD.

ALINQUE NO HAYAMOS IDO A NINGÚN SITIO ESPECIAL...

ESTE DÍA...

... Y ESTE CÁLIDO SENTI-MIENTO...

... LOS ATE-SORARÉ PARA SIEMPRE.

El amor de Mobuko

Akane Tamura

¿VAS A PASAR EL FIN DE AÑO EN CASA DE TUS PADRES?

SÍ.

AHORA MISMO ESTÁN DE VIAJE PERO

ME HAN DICHO QUE QUIEREN PASAR EL FIN DE AÑO TRANQUILOS EN CASA.

ELLOS VUELVEN JUSTO HOY.

OOH, YA VEO.

¿DE VIAJE...?

ENTONCES, ¿CUANDO LLEGUES VAS A ESTAR SOLA EN CASA?

AH, NO.

Capítulo 43

ME HE AN-GUSTIADO POR MUCHAS COSAS...

HACIENDO MEMORIA DE ESTE AÑO...

TGN
TGN

CUANDO PIENSO...

... PERO TAMBIÉN HE MOSTRADO UNA VALEN-TÍA MUY POCO POCO USUAL EN MÍ.

... EN
COMO
CADA
MOMEN-
TO...

... ESTÁ
RELACIONADO
CON EL
PRESENTE...

... TODOS ESTOS RECUERDOS...

... SON MUY ESPECIALES.

LO ÚNICO QUE QUEDA ES DAR LA BIENVENIDA AL AÑO SIN PROBLEMAS...

Atención a todos los pasajeros, este barco está a punto de zarpar del puerto de Hiroshima dirección...

¡Nobuko!
Estamos en el ☕ ahora mismo 👍.
Mañana tenemos el 🚤 a las 11.
Cuando subas al 🚢 avisa a tu
padre, ¿de acuerdo? 😆

¿HM?

AH,

ES DE MAMÁ.

Tu padre y yo nos vamos de viaje de fin de año.

¿Qué día?

Eh...

Me lo apunto.

Un mes antes.

¿QUÉ?

¿PERO NO SE SUPONÍA QUE VOLVÍAN HOY?

CREO QUE LO APUNTÉ EN LA AGENDA.

TRO

Mis padres se van de viaje. El 28. Se quedan 3 noches.

EL DÍA 30...

¡NO ERA EL 30, ERAN 3 NOCHES!

CHAN

AH.

BUENO, TAMPOCO PASA NADA POR LLEGAR UN DÍA ANTES...

A ver... vuelven el 30.

LO APUNTÉ CON TAN MALA LETRA QUE ME HE CONFUNDI-DO...

Al final me he equivocado. Mis padres vuelven mañana.

Jajaja

¿Qué? ¿Todo bien? ¿Pero tú vas hoy?

¡Sí! No pasa nada.

Muchas gracias por este año. Pásatelo bien con tus padres.

¡Muchas gracias!

pin

Es Hiroki.

¿Llevas las llaves de casa?

pin

LAS LLAVES...

UCK

¿Y AHORA QUÉ HAGO? NO LAS TENGO...

Hiroki Irie

¿EH?

ME ESTÁ LLAMANDO.

Uuuh

Ah. Oh.

Mejor salgo.

Oye...

Nobuko.

¿TODO BIEN?

¿NO TIENES LLAVES?

EH... LA VERDAD ES QUE...

AH, PERO NO PASA NADA.

¿TE PUEDES QUEDAR EN CASA DE ALGUIEN QUE VIVA CERCA?

¿DE VERDAD?

Cerca...

BUENO
...

ASÍ TAN DE REPENTE...

PERO...

SOLO ES UNA NOCHE. ESTARÉ BIEN.

IRÉ A ALGÚN SITIO.

UN KARAOKE O UN MANGA CAFÉ.

¿Qué?

¿Sí?

Nobuko ...

¿TE PARECE BIEN SI VOY?

¡¿QUÉ?!

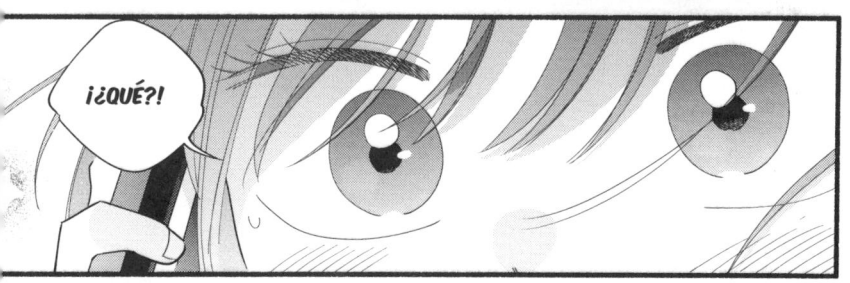

¿Por qué...?

¿VENIR... A EHIME?

¡NO, NO, NO! ¡ESTOY BIEN!

Porque estoy preocupa-do...

... por ti.

PERO...

¿AHORA?

HIROK...

Ha colgado...

PIP
PIP
PIP

VIENE PARA AQUÍ...

NO...

Fsssh

GRU GRU GRU

Tal vez tendría que haberle dicho que sí que tenía algún sitio en el que quedarme o que volvería a subir al ferry cuando llegara...

¿Y AHORA QUÉ?

Buoosh

ビュオオオ

... AHORA ME SIENTO FATAL POR ESTO.

Ding フィーーーン

NUNCA --

¿SE HABRÁ ENFADADO?

ÑUG ギャ

Tutum Tutum ドッ キ

... HABÍA ESCUCHADO A HIROKI...

... HABLAR DE FORMA TAN FIRME.

146

¿De verdad?

Estoy bien, no se preocupe.

NO, SEGURO QUE SOLO HA SIDO LA CONMOCIÓN...

Ostras, ¿te encuentras mal?

Cuidado al desembarcar.

¿POR QUÉ...

TENÍA QUE ACABAR EL AÑO ASÍ?

TUTUM

POR

LA NOCHE...

LUEGO HABLAREMOS SOBRE QUÉ HACER.

EL SIGUIENTE FERRY NO SALE HASTA DENTRO DE MEDIA HORA.

Y LUE-GO...

LO PRIMERO QUE TENGO QUE HACER CUANDO LO VEA ES DISCULPARME.

...

¡!

¡NOBUKO!

CO-CO-
CO-CO...

¿CO?

ME ALEGRO
DE HABERTE
ENCONTRA-
DO.

AH, ESO. NO TE LO HA- BÍA DICHO.

¡¿CÓMO HAS LLEGADO TAN RÁPIDO?!

¡He salido antes que tú

Ferry

Superjet

HE VENI- DO CON UN BARCO QUE SE LLAMA SUPERJET.

¿EH?

Acabo de llegar

Viaje de 2 horas y media

PUERTO

PUERTO

...

HE LLEGA- DO JUSTO A TIEMPO.

POR MI CULPA...

PERDÓN.

No hace falta.

Te lo pago.

DEBE HABER SIDO MUY CARO...

Superjet

Es más caro que el ferry pero más rápido.

SÉ QUE HE SIDO MUY INSISTENTE...

... Y A LO MEJOR ESO TE HA MOLESTADO.

NO CONSEGUÍA DEJAR DE PREOCUPARME

Y ESTABA EN EL PUERTO TODO INQUIETO...

CUANDO ME HAS DICHO QUE PODÍA VENIR...

NO...

NO ME LO HE PENSADO DOS VECES Y HE VENIDO CORRIENDO.

PERDÓN
POR SER
EGOÍSTA.

NO...
ESO
DEBERÍA
DECIRLO
YO.

...

HIROKI...

GRACIAS POR PREO-CUPARTE.

YO TAM-BIÉN...

... ME HE ALEGRADO MUCHO DE VERTE.

QUÉ ALIVIO.

...
EN UN
ABRIR
Y CE-
RRAR DE
OJOS...

観光港ター

¿Y ahora qué hacemos?

Es verdad, sólo es la una y media...

Oh.

TODA LA
ANSIEDAD
QUE SEN-
TÍA...

... PORQUE HIROKI
ESTÁ A MI LADO.

El amor de Mobuko 8 - Fin

El amor de Mobuko

Akane Tamura

Una variedad de naranjas

¿De verdad?

Toma.

Me sorprendió lo dulces que eran las mandarinas que me dio la mujer que se sentaba a mi lado en el ferry.

¡Sí! ¿Era una mandarina de Wenzhou?

Ese nombre parece extranjero.

Oh. La naranja Ponkan, en esta época del año... ¿En un pastel horneado?

Ah, tienes razón.